CATALOGUE RAISONNÉ

DE

L'ŒUVRE D'ESTAMPES

DE

... IN DE MOLITOR.

PAR

ADAM DE BARTSCH.

CATALOGUE RAISONNÉ

DE

L'OEUVRE D'ESTAMPES

DE

MARTIN DE MOLITOR,

PEINTRE ET DESSINATEUR DE PAYSAGES,
MEMBRE DE L'ACADÉMIE DES BEAUX-ARTS
A VIENNE.

————

PAR

ADAM DE BARTSCH,

CHEVALIER DE L'ORDRE DE LÉOPOLD, GARDE DE LA
BIBLIOTHÈQUE J. ET R. DE LA COUR, ET MEMBRE DE
L'ACADÉMIE DES BEAUX-ARTS A VIENNE.

A NUREMBERG,
CHEZ J. F. FRAUENHOLZ ET COMP.

1813.

PRÉFACE.

Martin de Molitor, de parens nobles, mais peu aisés, naquit à Vienne en Autriche en 1759. Après avoir fait les études du Licée, il se donna aux arts, âgé déjà de dix-sept ans. Il choisit le paysage. Ses progrès dans cette branche de l'art furent rapides; bientôt il fut le meilleur des disciples de *Chrétien Brand*. Son génie supérieur et l'étude continuelle de la nature le conduisirent à la perfection. Ses tableaux peints à l'huile, et, dans la suite, ses peintures à gouache furent recherchés et admirés par tous les amateurs et connoisseurs.

Mr. de Molitor réunit à son talent d'artiste les qualités les plus précieu-

A 2

ses de l'homme. Il avoit le caractère calme et la modération d'un véritable philosophe, la tranquillité de coeur de l'homme probe, et l'esprit de gaieté d'une ame innocente. Tous ses sentimens montroient la candeur la plus pure, et la noblesse la plus élevée.

Instruit dans plusieurs sciences, il ne cessa jamais d'étendre ses connoissances par la lecture des meilleurs ouvrages de tout genre; les langues Latine, Françoise, Italienne et Angloise lui étoient plus ou moins familières.

Modeste jusqu'à devenir embarrassé et confus, quand on fesoit l'éloge de ses ouvrages, il étoit toujours prêt à communiquer ses lumières à ceux qui lui demandoient conseil, et il s'y prêta avec une complaisance et un zèle également rares. Profond dans son art, il étoit clair et éloquent, lorsqu'il en expliquoit les principes. Il ne resta pas là : il corrigea lui-même les dessins de jeunes artistes qui s'adressoient à lui, leur montra les fautes de leurs compositions, et les éclaira et guida dans leur carrière avec l'attachement d'un ami, et la bienveillance d'un père. Il a retouché lui-même les épreuves d'essai d'un grand nombre d'estambes gravées par artistes de sa connoissance, avec une bonne volonté qui lui fesoit oublier, combien il y perdoit un temps précieux, et combien il négligeoit ses propres intérêts. Je ne crois pas devoir nommer les artistes à qui il a prêté les secours dont je viens de parler, mais je me glorifie de déclarer ici publiquement, que ce qu'il y a peut-être de piquant à l'égard de l'effet, dans une grande partie de mes ouvrages en gravure, je ne le dois qu'aux soins et aux conseils de cet excellent artiste qui m'a honoré de son amitié pendant plus de vingt ans, et jusqu'à son décès.

Molitor étoit un des connoisseurs les plus consommés en tableaux, dessins et estampes de toutes les écoles, et de tous les genres. Ceux qui lui demandoient conseil dans cette classe de connoissance, pouvoient compter de voir recompensé leur confiance en ses lumières par des renseignemens vrais, sûrs et solides.

Mr. de Molitor étoit un artiste d'une activité rare. C'est à son application assidue au travail, que nous devons le grand nombre de ses belles productions. Ses tableaux peints à l'huile sont dispersés dans tous les cabinets des curieux de Vienne. Charmés par la beauté de ses dessins faits à gouache sur papier bleu, dans une nouvelle manière inventée par lui, les amateurs ne lui laissèrent, dans les dernières douze années, plus le temps de prendre la palette; il la mit de côté, pour leur faire des dessins qu'ils s'arrachoient, et dont ils ornoient à l'envi leurs cabinets et leurs porte-feuilles. S. A. R. le Duc Albert de Saxe-Teschen en a enrichi sa superbe collection de plusieurs des plus grands et des plus considérables ; il s'en trouve aussi dans celle de Mr. le comte de Fries, et de Mr. de Barbolani ; mais Mr. le conseiller de Hoppé, un des amateurs les plus zélés, et possesseur d'une collection choisie de curiosités et d'objets d'arts les plus précieux, a dans son cabinet, outre six tableaux de ce grand maître, un recueil de plus de soixante dessins de toutes dimensions ; ce recueil est d'autant plus remarquable, qu'il offre toutes les variétés du faire dont *Molitor* s'est successivement servi dans ses dessins. Mr. Gabet, amateur et artiste habile, connu par plus de quatre-vingt paysages gravés à l'eau-forte par lui-même, et un des amis les plus intimes de *Molitor*, possède

un trésor d'études plus ou moins terminées, que notre artiste a faites d'a-
près nature dans ses excursions multi-
pliées en Autriche, dans le pays de
Salzbourg et en Tyrol. On ne peut
rien voir de plus exquis et de mieux
senti que les esquisses de vaches, veaux
et moutons faites par *Molitor* d'après
nature en 1810. dans un séjour de
quelques mois à Brunn au bois. (Brunn
im Walde.) Toutes ces études joignent
à la plus grande vérité une exécution
aussi légère que spirituelle.

Molitor étoit dans la plus grande
force de sa carrière d'artiste, lorsque
la mort l'enleva aux arts et à ses nom-
breux amis et admirateurs. Après une
maladie d'un mois, il décéda le 16.
Avril de l'an 1812. Il a été inhumé
dans le cimetière hors de la barrière
des lignes Matzleinsdorf, où quelques
uns de ses amis lui ont fait ériger un
monument sépulcral, simple à la vérité,

mais assez stable, pour éterniser la mémoire d'un artiste et d'un citoyen qui a fait honneur à sa patrie.

Un artiste qui manioit le crayon et la plume avec tant de fermeté et de goût, ne pouvoit pas être moins habile à conduire la pointe. *Mr. de Molitor* s'amusoit quelques fois à graver à l'eau-forte. Ses estampes réunissent à l'originalité des idées et à un beau choix des sites, un dessin savant, une pointe facile et souvent un effet très-brillant. A l'exception de très-peu d'essais gravés par *Molitor* dans ses commencemens, les estampes qu'il nous a laissées, font les délices de tous les véritables connoisseurs. A juger de l'empressement avec lequel il les ont accueillies, je crois leur rendre service, en leur offrant ici un catalogue complet, non seulement des pièces que *Molitor* a gravées lui-même, mais aussi de toutes les estampes que différens autres artistes ont gravées d'après ses tableaux et ses dessins jusqu' aujourd'hui.

———

Il me reste à observer, que la mesure dont je me suis servi pour désigner la grandeur des estampes, est l'ancien pied de Paris, et que les expressions de *droite* et de *gauche* que j'ai employées pour marquer l'emplacement des objets représentés, se rapportent à la main droite et à la main gauche du spectateur.

OEUVRE
DE MARTIN DE MOLITOR.

---

a) PIÈCES EN HAUTEUR.

1. *La rue de village.*

Une rue de village qui se tire en ligne droite vers le lointain. On remarque sur le devant à gauche deux femmes dont chacune porte un paquet, l'une sur la tête, l'autre sous le bras gauche. Un homme à cheval, accompagné d'un chien, se voit au second plan. On lit à la gauche d'en bas: *Molitor,* et vers la droite la lettre B dont on ignore la signification. Cette estampe qui est le premier essai de notre artiste, est presque unique. Nous ne l'avons vue que dans le recueil de *Mr. François Gabet* à Vienne.

Hauteur: 2 pouces, 5 lign. Largeur: 1 pouce, 10 lign.

2. *Les deux arbres.*

Le côté gauche de ce morceau présente deux arbres dont on ne voit que
les troncs, et dont le plus avancé vers
le spectateur, est beaucoup plus gros
que l'autre. Ces deux arbres s'élèvent
d'un terrain couvert d'herbes, ainsi
que de buissons qui paroissent vers le
fond. Le devant à droite est orné
d'une souche et d'un tronc d'arbre
abbatu.

Hauteur: 3 pouces, 10 lign. Largeur: 3 pouces.

3. *L'ancienne porte.*

Un grand mur délabré, percé d'une
porte, en dedans de laquelle est une
grange où un paysan arrange des ger-
bes. Sur le devant à droite, un autre
paysan se repose, couché par terre, la
tête et le bras gauche appuyés sur une
pierre, au pied d'un gros arbre sec.

Hauteur: 4 pouces, 6 lign. Largeur: 3 pouces.

4. *Le Saule.*

Un vieux tronc de saule garni de
peu de branches, sur un terrain élevé,

au delà duquel s'élève, à gauche une butte garnie de plantes parasites, et à droite, dans le lointain, un rocher escarpé. Sur le devant de ce même côté une branche d'arbre sèche est jettée à terre. A la gauche d'en bas on lit: *Le Gros del. Molitor* a gravé cette pièce d'après une idée de *Mr. le Gros*, habile amateur et son ami.

Hauteur: 5 pouces, 6 lign. Largeur: 4 pouces, 7 lign.

5. *La femme et le garçon.*

Pièce non achevée où l'on voit à gauche une chaumière, au delà de laquelle s'élèvent de grands arbres. Un autre arbre isolé est planté vers le devant de la droite. Entre cet arbre et la chaumière on remarque une femme parlant à un jeune garçon qui passe à côté d'elle, et qui est vu par le dos.

Hauteur: 6 pouces, 9 lign. Largeur: 5 pouces.

6. *Etude d'un arbre.*

Un grand arbre qui se penche vers la gauche, et au pied duquel est assis un jeune homme qui a les bras croisés.

La partie supérieure de cet arbre n'est
qu'ébauchée, et le tronc d'en bas n'est
qu'au simple trait.

Hauteur: 7 pouces. Largeur: 5 pouces, 9 lign.

b) PIÈCES EN LARGEUR.

7. *Les Capucins.*

Trois Capucins à mi-corps autour
d'une petite table. Celui qui est placé
au milieu, prie les yeux élevés vers
le ciel, et les mains jointes et posées
sur sa poitrine ; un autre, à gauche,
considère un petit crucifix, et le troisième, qui occupe le côté droit, est en
méditation sur une tête de mort. Cette
estampe est des commencemens de Mr.
de Molitor, et très-rare.

Largeur: 2 pouces, 11 lign. Hauteur: 1 pouce,
2 lignes.

8. *La chaumière cachée.*

A la gauche de ce morceau, une
chaumière dont on ne voit que le toit
et la cheminée, est cachée par plusieurs arbres dont l'un courbe sa cou-
ronne vers la droite, par dessus un

ruisseau que traverse un petit pont de bois, et dont le bord opposé est richement garni de buissons et d'arbrisseaux.

Largeur : 3 pouces, 10 lign. Hauteur : 2 pouces.

9. *Les deux chaumières.*

Deux chaumières sur un côteau qui se penche vers la droite. Le pignon de l'une de ces chaumières est vu de devant, celui de l'autre dirigé vers la droite. A côté de chacune est un enclos fait de planches attachées perpendiculairement, et renfermant des arbres qui s'élèvent par-dessus les toits.

Largeur: 3 pouces, 11 lign. Hauteur: 2 pouces.

10. *Le seau au palis.*

Un gerbier du milieu duquel sort un long palis, au bout duquel un seau est attaché. En avant du gerbier on voit un tonneau brisé, une benne, un panier et quelques planches. Sur le devant à droite s'élève un arbre à côté d'une loge de chien. Cette planche n'est pas entièrement achevée.

Largeur: 3 pouces, 11 lign. Hauteur : 3 pouces.

11. *Le rocher.*

Le milieu de ce morceau est occupé par un rocher escarpé qui paroît n'être qu'un bloc détaché d'un rocher plus grand, et jetté sur le terrain où il repose. A sa gauche une partie d'arbres très-touffus remplit l'espace entre le bord de l'estampe et le rocher même. A droite s'élèvent quelques pins.

Largeur: 4 pouces. Hauteur: 2 pouces, 10 lign.

12. *L'homme et la femme sous la porte.*

Une paysanne conduisant par le bras un homme qui paroît ivre. Ces deux figures sortent de la porte d'une maison délabrée dont il n'y a plus qu'un seul mur de reste. A côté de cette masure, vers le milieu de l'estampe, sont plusieurs arbres, au delà desquels on remarque le toit d'une grande chaumière.

Largeur: 4 pouces, 1 lign. Hauteur: 2 pouces, 8 lignes.

13. *L'homme sur l'escalier.*

Le côté gauche de ce morceau présente un vieux paysan descendant d'un escalier de pierre ruiné, au delà duquel on voit une chaumière située sur le bord d'une rivière dont le bord est garni de quelques arbres.

Largeur: 4 pouces, 2 lign. Hauteur: 2 pouces, 8 lignes.

14. *L'homme déracinant l'arbre sec.*

Une maison assez large, vraisemblablement un moulin, située sur un terrain élevé, et cachée en partie par des arbres qui l'entourent, et entre lesquels un courant d'eau, formant d'abord une petite chûte, et un peu plus vers la droite, une double cascade, tombe dans un ruisseau qui s'élargït sur les deux tiers du bas de l'estampe, et sur le bord duquel on voit un homme faisant des efforts pour déraciner et tirer de terre un petit arbre sec. Un autre homme portant quelques branches sèches sous le bras, s'approche de lui.

Largeur: 4 pouces, 3 lignes. Hauteur: 2 pouces, 10 lignes.

15. *La mère et sa fille.*

A la gauche de cette estampe est une hutte entourée de buissons, de dessus lesquels sortent plusieurs arbres dont deux qui occupent le milieu de la planche, s'inclinent vers la droite. La hutte est située près d'un chemin, sur le bord duquel une femme assise s'entretient avec une petite fille qui est debout devant elle.

Largeur: 4 pouces, 3 lign. Hauteur: 2 ponces, 10 lign.

16. *La porte voûtée.*

La porte voûtée d'un vieux bâtiment ruiné, au travers de laquelle on voit un enclos fait de planches. Vers le devant de la gauche s'élèvent, à côté l'un de l'autre, deux arbres sur le bord d'un petit ruisseau garni de jonc. Au milieu du devant, un homme est couché à terre, près d'un autre qui est assis, le dos tourné vers le tronc d'un arbre abbatu.

Largeur: 4 pouces, 6 lign. Hauteur: 3 pouces.

17. *La paysanne hors de la porte.*

La cour d'une ferme, bordée à gauche par une haïe de planches, au delà
de laquelle sont différens arbres et arbrisseaux, et sur le devant par une
pièce d'eau qui s'étend sur toute la
largeur de la planche, et près de laquelle s'élève une chaumière que l'on
ne voit qu'en partie à droite, le long
du bord de l'estampe. De ce même
côté on apperçoit dans le fond une
paysanne s'approchant d'une porte ou-
verte qui conduit dans la cour. Cette
pièce est d'un très-bel effet.

Largeur: 4 pouces, 6 lign. Hauteur: 4 pouces.

18. *Les trois rochers escarpés.*

A la gauche de cette estampe, un
homme et une femme vus presque par
le dos, marchent près d'une colonne
avec un image, erigée sur le bord d'un
chemin qui va en montant vers la
droite, et se retourne entre trois rochers escarpés dont l'un s'élève d'un
côté, les deux autres, qui sont pres-

que joints ensemble, du côté opposé.
Le long de ce chemin, à la droite de
l'estampe, coulé un ruisseau qui forme
une petite chûte.

Largeur: 4 pouces, 9 lignes. Hauteur: 3 pouces,
6 lignes.

19. *Le rocher pointu.*

A la gauche de ce morceau s'élève
un rocher pointu de la forme d'un
pain de sucre, et garni d'arbrisseaux
de deux côtés. Un autre rocher que
l'on ne voit qu'en partie, s'élève sur
le devant à droite, vis-à-vis du premier. Les objets dont on vient de
parler, sont très-légèrement ébauchés,
et le lointain montueux qu'offre l'espace entre les deux rochers, n'est marqué qu'au trait. Cette pièce est très-
rare.

Largeur: 4 pouces, 9 lignes. Hauteur: 4 pouces,
2 lignes.

20. *La tour ronde.*

Une grosse tour ronde bâtie contre
le mur d'enceinte d'un vieux bourg,

percé à gauche d'une porte cachée en partie par un terrain élèvé, sur lequel marche une femme qui conduit un enfant à la main. Le devant de la droite qui forme le bord d'un ruisseau, est garni d'une pierre de bornes près d'un arbre sec.

Largeur: 4 pouces, 10 lignes. Hauteur: 2 pouces, 11 lignes.

21. *La Rivière.*

Une rivière qui regne sur toute la largeur de la planche. On remarque sur le bord en deçà un petit bâteau brisé, et jetté hors de l'eau près d'un arbre sec qui s'élève d'une butte formant le devant de la gauche. Le bord opposé de la rivière présente un champ vert, au delà duquel se voient des arbres de différentes formes et grandeurs.

Largeur: 5 pouces, 3 lignes. Hauteur: 3 pouces, 8 lignes.

22. *La Vache.*

Une vache dirigée vers la droite et descendant dans un ruisseau bordé de

jonc mêlé de quelques autres herbes.
On lit en bas, un peu vers la gauche,
Molitor f., mais ce nom ne se trouve
que sur une vingtaine de premières
épreuves; il a été supprimé dans la
suite.

Largeur: 5 pouces. Hauteur: 4 pouces.

23. *La chaumière et la hutte.*

Une chaumière avec une petite
porte à côté d'une fenêtre. Cette
chaumière est flanquée d'une méchante
hutte bàtie sur des palis, et vient
occuper le milieu de l'estampe. Des
arbres très-touffus s'élèvent derrière
elle. Le devant à droite est orné de
deux souches entre lesquelles on voit
un roseau.

Largeur: 5 pouces, 3 lignes. Hauteur: 4 pouces,
1 ligne.

On a de ce morceau des premières
épreuves avant le ciel.

24. *Les quatre arbres isolés.*

Au milieu du devant de cette estampe un jeune villageois est couché sur

le ventre près d'une femme assise à terre. Ces deux figures sont sur le bord d'un large chemin qui va en montant vers la gauche du fond, et qui est garni de quatre arbres isolés, dont deux s'élèvent vis-à-vis l'un de l'autre vers le milieu de la planche, les deux autres vers le fond à gauche. Le lointain est terminé par un petit bosquet qui s'étend sur toute la largeur de la planche.

Largeur: 5 pouces, 9 lignes. Hauteur: 4 pouces, 10 lignes.

25. *La chaumière sur le canal.*

Une chaumière située sur le bord d'un canal qui regne à la droite de l'estampe, et qui est traversé par un petit pont de bois. Sur le côté antérieur de la chaumière on remarque une grande porte auprès d'une pièce saillante de maçonnerie, au bas de laquelle est une ouverture semblable à celle d'un égoût. Une hutte de bois est adossée contre le côté opposé de la chaumière. Sur le devant à gauche

un arbre sec s'élève d'un terrain couvert d'herbes et de buissons, quelques
autres se voient vers le fond, derrière
la chaumière. On lit à la droite d'en-
bas : *Molitor f.*

Largeur: 6 pouces, 9 lignes. Hauteur: 3 pouces,
10 lignes.

26. *Le jeune batelier.*

Vue d'un petit village, en avant
duquel s'élèvent d'une butte deux gros
arbres, dont les touffes occupent le milieu de l'estampe. On remarque à la
droite du devant un jeune homme dirigeant une nacelle chargée d'herbes
sur une pièce d'eau qui s'étend en largeur depuis le côté droit jusqu'au
milieu de l'estampe. Cette pièce est
gravée d'une pointe très-délicate; les
objets du second plan et du lointain
sont foiblement exprimés, l'eau forte
ayant trop peu mordu. Les premières
épreuves sont très-rares.

Largeur: 6 pouces, 5 lignes. Hauteur: 5 pouces,
2 lignes.

27. *La chaumière isolée.*

Une chaumière située isolément au milieu d'un terrain élevé, et entourée d'arbres et de buissons. Son pignon est percé d'une fenêtre de grenier dont le volet est ouvert et pendu de biais. Vers la gauche sont les restes d'une haïe qui semble renfermer un petit verger appartenant à la chaumière. Sur le devant à droite, un arbre sec est renversé près d'un arbre très-élevé qui se penche vers la gauche, et au pied duquel quelques palis sortent du sol. Cette pièce est gravée d'une pointe très-légère.

Largeur: 6 pouces, 10 lignes. Hauteur: 5 pouces.

28. *Le hameau au sommet du rocher.*

Un hameau au sommet d'un grand rocher escarpé, duquel un chemin va en descendant vers la gauche où l'on remarque deux vaches. Vers la droite un escalier conduit jusqu'au haut du rocher où l'on voit une pièce de maçonnerie semblable à un four. Le terrain au pied du rocher est enceint par une haïe, hors de laquelle, sur le devant à gauche, s'élève une souche. Cette planche n'a pas été entièrement achevée.

Largeur : 7 pouces, 3 lignes. Hauteur : 6 pouces.

29. *Le moulin derrière les rochers.*

On voit dans le fond de la droite de ce morceau un moulin, dont l'eau encaissée dans un canal de la forme d'un aqueduc reposant sur des palis, coule en avant vers la gauche où il forme une chûte entre deux rochers taillés à pic, et dont celui à gauche est très-élevé et se termine en pointe, l'autre qui occupe le milieu de l'estampe, a à droite une crevasse de laquelle tombe pareillement de l'eau. Au delà de ce second rocher croissent quelques arbres.

Largeur : 7 pouces, 3 lignes. Hauteur : 6 pouces.

30. *Le chemin longeant le rocher.*

Le côté droit de cette estampe présente un grand chemin sur le bord

d'une rivière que l'on voit en partie
de ce même côté, et qui prend son
cours dans le lointain. Ce grand chemin longe à gauche un rocher entrecoupé à sa pente par plusieurs crevas-
ses, et garni de gros blocs de pierre
dégagés. On apperçoit à son sommet
une chaumière entourée de plusieurs
arbres. Un autre petit bois couvre la
partie du rocher qui s'éloigne à droite.
Le devant est orné à gauche de quelques quartiers de rochers, et est animé
au milieu de deux hommes et d'une
femme qui conversent assis ensemble.
La dernière est accompagnée d'un enfant. Deux autres petites figures marchent au milieu du grand chemin, en
se dirigeant vers le fond.

Largeur: 7 pouces, 4 lign. Hauteur : 5 pouces,
3 lignes.

31. *L'hermitage.*

Au milieu de ce morceau, sur un
sol un peu élevé et garni de pommes
de choux, un solitaire prie dans un
livre, étant assis vis-à-vis d'une chûte

d'eau tombeant de la crevasse d'un grand rocher escarpé, surmonté de bois, qui se tire en s'inclinant vers le fond à droite, et au delà duquel s'élève un autre rocher coupé à pic et tout aride. L'hermitage dont le pignon est garni d'un petit clocher, se voit à la droite du second plan.

Largeur: 7 pouces, 3 lignes. Hauteur: 5 pouces, 2 lignes.

32. *Les deux troncs d'arbre abbatus.*

Paysage rempli de plusieurs rochers, contre l'un desquels, à la gauche de l'estampe, sont appuyés deux gros troncs d'arbres abbatus dont on voit encore les souches sur la pente du rocher. A la droite du devant est jetté un quartier de rocher, en avant d'une butte d'où s'élèvent des arbres et des buissons qui laissent d'un côté la vue d'une chûte d'eau, de l'autre celle d'un hermitage près duquel une grande croix de boïs est plantée.

Largeur: 7 pouces, 5 lignes. Hauteur: 5 pouces, 3 lignes.

33.   *Les trois vaches.*

Paysage représentant une partie de
bois composée d'arbres très-variés par
leurs formes et par leurs grandeurs, le
long desquels un paysan vu par le dos
au milieu de l'estampe, fait marcher
trois vaches vers le fond à gauche. Le
devant à droite est orné d'un arbrisseau qui s'élève près de deux souches,
aux pieds desquelles sont les restes
d'une haïe qui consistent en quelques
planches presque pourries.

Largeur: 7 pouces, 5 lignes. Hauteur: 5 pouces,
3 lignes.

34.   *Le rocher percé.*

Un rocher percé laissant à gauche la
vue dans un lointain montueux. Une
partie de ce rocher, à la droite de l'estampe, est couverte en haut de buissons touffus, et à son pied repose un
troupeau de moutons. Deux animaux
semblables se voient isolés au milieu
de l'estampe, sur un petit terrain élevé.
Le devant est animé par un berger couché sur le ventre près d'un arbre abbatu.

Largeur: 7 pouces, 6 lignes. Hauteur: 5 pouces,
3 lignes.

35. *La vache près du jonc.*

Vue d'un petit canal dont le bord est garni de jonc, et le long duquel broute une vache qui occupe le milieu de l'estampe. Vers la gauche s'élève une souche à côté d'un grand arbre dont la cîme est tronquée. Deux autres arbres de haute futaye, l'un près de l'autre, se voient au milieu du fond, en deça d'un enclos qui s'étend jusqu'au canal. Le devant à droite montre un petit terrain garni de deux souches entourées de roseaux. Les lettres *M. M.* sont gravées à la droite d'en haut.

Largeur: 7 pouces, 6 lignes. Hauteur: 5 pouces, 10 lignes.

36. *Les quatre arbres.*

A la gauche de cette estampe on voit quatre grands arbres, l'un assez près de l'autre, sur un terrain élevé qui fait le bord d'un canal dont cependant on ne remarque qu'une partie de l'eau à la droite de l'estampe. Sur le devant de ce même côté un homme vu par le dos, est assis par terre, et accompagné d'un jeune garçon accroupi près d'une caquette. Le bord opposé du canal est garni d'arbrisseaux qui s'étendent sur toute la largeur du fond, et desquels sort un arbre élevé dont la cîme est sèche.

Largeur: 7 pouces, 7 lignes. Hauteur: 5 pouces, 4 lignes.

37. *Un frontispice.*

Une pierre brute surmontée de quelques plantes parasites, au bas de laquelle est jetté une autre pierre de forme longuette ; un petit ruisseau formant une cascade, coule entre ces deux pierres. A droite s'élève un buisson bordé de jonc. Sur la superficie plate de la grande pierre est écrit: *Paysages dessinés et gravés à l'eau-forte par M. Molitor.* 1795, et sur celle de la pierre longuette: *A Vienne chez F. X. Stöckl, Md. d'Estampes.*

Largeur: 8 pouces. Hauteur: 6 pouces.

On a de ce morceau trois épreuves.

Dans la *première* l'ombre portée à la droite de la pierre est gravée à l'eau-forte seule. Elle n'a point d'inscription.

Dans la *seconde* tout le côté droit de la pierre est couvert de travail de pointe sèche. Elle est pareillement sans inscription.

La *troisiéme* est celle qui porte l'inscription.

38. *La vache sur le pont de bois.*

Paysage rempli de rochers escarpés, près de l'un desquels s'élève un groupe de deux grands arbres qui occupe le milieu de l'estampe. A gauche un homme à côté d'une femme, portant l'un et l'autre un paquet sur le dos, font marcher devant eux une vache sur un pont de bois qui traverse un ruisseau dont l'eau coule jusques au milieu du bas de l'estampe. A droite, sur le second plan, une femme dirige ses pas vers un chemin creux.

Largeur: 8 pouces, 2 lignes. Hauteur: 6 pouces, 4 lignes.

39. *La rivière bordée de bois.*

Pays traversé par une rivière dont la vue se perd dans le lointain, et qui regne le long d'une chaîne de mon-

tagnes presque chauves. Les deux riva-
ges de cette rivière sont richement bor-
dés de bois. Sur le devant à droite
est un groupe de quelques arbres très-
élevés, dont les cimes dépassent le
bord supérieur de la planche, et au
bas desquels est assise à terre une femme ayant devant elle une hotte ren-
versée remplie d'herbes coupées. Gravé
à l'eau-forte et repassé d'un lavis d'acqua-tinta.

Largeur: 8 pouces, 8 lignes. Hauteur: 5 pouces,
9 lignes.

On a de ce morceau des premières
épreuves avant le lavis de l'acqua-tinta.

40. *Les rochers.*

Un rocher escarpé, tout aride, en-
touré d'un nombre de gros blocs de
pierre qui paroissent s'en être successivement détachés, et entre quelques
uns desquels, qui occupent le côté
droit, s'élèvent quatre pins. Gravé à
l'eau-forte et repassé d'un lavis d'acqua-tinta.

Largeur : 8 pouces, 8 lignes. Hauteur: 5 pouces,
9 lignes.

On a de ce morceau des premières épreuves avant le lavis de l'acqua-tinta.

41. *Le troupeau.*

Paysage d'une grande variété d'objets. Sur le devant à gauche, un homme fait marcher un troupeau de trois vaches, et de six moutons le long de l'escarpe d'un terrain élevé, couvert d'un bois épais, et supposé s'étendant vers la gauche. On remarque dans ce bois un homme tournant le dos. Au second plan, du côté droit, un ruisseau faisant une chûte d'eau, coule jusques vers le devant du même côté. Ses deux bords sont richement garnis de verdure, au-delà de laquelle s'élèvent les murs d'un vieux château flanqué d'une tour carrée. Le lointain est terminé par une haute montagne tout aride. Cette estampe qui est bien terminée et d'un superbe effet, est une des plus belles de l'oeuvre de notre artiste.

Largeur : 8 pouces, 9 lignes. Hauteur: 5 pouces, 9 lignes.

On a de ce morceau des premières épreuves tirées de la planche, avant qu'on y avoit couvert les lumières de quelques endroits, savoir avant que la partie supérieure du côté clair du rocher qui est à la droite de la chûte d'eau, ainsi que la verdure entre cette chûte d'eau et les murs du vieux château ont été couvertes d'une ombre légère de travail de pointe sèche etc.

42. *Les ruines au sommet d'un rocher.*

Des ruines d'un grand bâtiment au sommet d'un rocher escarpé et couvert tout autour de buissons touffus. A gauche s'ouvre la vue d'un lointain montagneux; à droite, au pied du rocher, un chemin conduit vers le fond dans une partie de bois très-sombre. Sur ce chemin marche une femme portant un panier au bras, et précédée d'un jeune garçon.

Largeur: 9 pouces, 4 lignes. Hauteur: 6 pouces, 3 lignes.

43. *Le moulin à scier.*

Le commencement d'une estampe, dont la planche ayant manqué à l'opération de l'eau-forte, a été effacée, après qu'on n'en avoit tiré que très-peu d'épreuves.   On n'y voit que le toit du moulin et cinq arbres sur la pente d'une montagne qui s'élève à droite. Vers le milieu, plusieurs troncs d'arbres accumulés en monceau ne sont que foiblement marqués au trait.

Largeur : 9 pouces, 4 lignes. Hauteur : 6 pouces, 8 lignes.

44. *Répétition de la pièce précédente.*

La planche précédente n'ayant pas réussi, *Molitor* a commencé à la regraver, mais il ne l'a pas terminée. C'étoit le dernier ouvrage qu'il avoit fait en gravure. On y voit le moulin à scier, les cinq arbres sur la pente d'une hauteur, et les troncs d'arbres. Ces objets, très-légèrement ébauchés dans la planche précédente, sont assez bien exprimés dans cette répétition, mais pas entièrement achevés. On voit de plus à la gauche d'en haut, un arbrisseau et un gros quartier de rocher au sommet d'une montagne, au pied de laquelle le moulin est bâti.

Largeur : 8 pouces, 8 lignes. Hauteur : 6 pouces, 6 lignes.

45. *Le voyageur reposant.*

Paysage boisé, sur le devant duquel s'élèvent à gauche plusieurs grands arbres à la lisière d'un bois sombre qui semble s'étendre plus en avant dans le fond. Entre l'un de ces arbres qui se penche vers le côté droit, dont la touffe occupe toute la largeur, et entre un arbre sec et creux, se repose un voyageur, ayant ses deux mains appuyées sur son bâton, et une hotte à ses pieds. On remarque au milieu du fond un troupeau de quelques moutons et de deux vaches marcher le long d'une plantation d'arbres et d'arbrisseaux, au-delà de laquelle s'élèvent les murs d'enceinte d'une espèce de petit fort.

Largeur: 9 pouces, 9 lign. Hauteur : 6 pouces. 7 lignes.

Les bonnes épreuves de cette estampe sont très-rares. Ce sont celles offrant un leger lavis fait avec de la pierre-ponce.

46. *Les trois hermites.*

Pays rempli de rochers dont le plus

grand occupe presque toute la moitié de l'estampe, en fuyant vers le lointain de la droite. Ce grand rocher, au reste aride et à pic, est surmonté à gauche d'un bois, à l'entrée duquel on remarque la statue d'une Vierge. En bas deux hermites qui portent des pelles et des râteaux, s'approchent de la porte d'une haïe d'un petit jardin potager qui forme le devant de l'estampe. Vers la droite une méchante hutte, l'habitation des hermites, est appuyée contre le rocher. On remarque une tête de mort placée sur une grande pierre à l'entrée de la hutte. Vers le fond de ce même côté un troisième hermite, assis sous une espèce de treille, lit dans un livre.

Largeur: 9 pouces, 10 lignes. Hauteur: 9 pouces, 8 lignes.

47. *Les ruines au sommet de la montagne.*

Paysage offrant une montagne dont le sommet est garni des ruines d'un château cachées en partie par du buisson. Au pied de la montagne une partie de bois très-touffu s'étend sur toute la largeur de la planche. Le devant à droite est orné d'un bouquet de trois arbres assez élevés, mais peu feuillus, ainsi que d'un arbre sec et tronqué, auprès desquels une femme vue par le dos est debout derrière un homme assis et pêchant à la ligne dans une pièce d'eau qui occupe presque toute la largeur du bas de l'estampe.

Largeur: 10 pouces, 16 lign. Hauteur: 8 pouces, 8 lignes.

48. *La famille.*

Le milieu de ce paysage présente deux vieux chènes près l'un de l'autre sur la pente d'une colline, à la gauche de laquelle un ruisseau forme une chûte d'eau entre plusieurs blocs de rochers, dont le plus avancé, qui est d'une grosseur considérable, est surmonté d'un arbrisseau. D'autres buissons au-delà des quels s'élèvent deux arbres tronqués et peu feuillus, se voient un peu plus vers le fond, sur une hauteur du même côté. Vers le milieu du devant, un homme apporte une calebasse, qu'il semble venir de remplir d'eau dans le ruisseau, à sa femme qui est assise à terre, ayant un petit enfant entre les bras. On remarque un autre enfant à quelque distance à genoux dans l'herbe sur le bord du fossé qui sépare le devant de la colline. Le côté droit offre un lointain terminé par des montagnes.

Largeur: 10 pouces, 10 lign. Hauteur: 8 pouces, 8 lignes.

49. *La bergère occupée.*

Cette estampe offre de grandes masses de rocher surmontés de buissons qui s'étendent sur toute la largeur de l'estampe, en fuyant vers la droite. A gauche, une bergère vue par le dos, et assise sous une treille, adossée contre le rocher et garnie de vignes, tient une pièce de linge. Un grand panier est à terre à côté d'elle. Sur le devant à droite sont trois moutons près d'un tronc d'arbre abbatu.

Largeur: 11 pouces. Hauteur: 8 pouces, 5 lign.

50. *La double cascade.*

Au milieu de ce morceau sort un rocher, de deux côtés duquel tombe un torrent formant une double cascade. L'eau de ce torrent se précipite dans un fossé, sur le bord duquel on remarque à droite deux filles et un garçon qui ne sont vus qu'à mi-corps. Au-delà du fossé, de ce même côté, s'élève un grand rocher escarpé, à la mi-hauteur duquel se voit une hutte entourée de buissons.

Largeur: 11 pouces. Hauteur: 8 pouces, 4 lignes.

51. *Le tronc d'arbre renversé.*

Ce morceau se fait remarquer par un grand tronc d'arbre renversé qui occupe toute la moitié droite de l'é-stampe, et dont la souche hérissée en haut de chicots, montre qu'il a été rompu avec violence. Cette souche s'élève d'une butte, le long de laquelle un chemin conduit, à gauche, dans un creux boisé où l'on voit une femme portant un fagot sur le dos, et précédée d'un jeune garçon qui s'amuse avec son chien. Cette superbe pièce a été gravée à l'eau-forte et couverte d'un ton grisâtre d'acqua-tinta, avec quelques

rehauts menagés d'une manière intél-
ligente.

Largeur: 11 pouces, 8 lignes. Hauteur: 8 pouces,
9 lignes.

On en a des premières épreuves
sans le lavis de l'acqua-tinta.

52. *Le troupeau de vaches dans le bois.*

Un troupeau de vaches et de quelques moutons dans un pré fermé dans
le fond par un bois divisé au milieu
par une ouverture qui laisse la vue
dans un autre pré. A l'entrée de cette
ouverture on apperçoit, vers la droite,
un pâtre accompagnée d'un garçon, et
vers la gauche un arbre sec rompu.
Gravé à l'eau-forte, et repassé d'un
lavis à l'acqua-tinta.

Largeur: 11 pouces, 9 lignes. Hauteur: 8 pouces,
9 lignes.

On en a des premières épreuves
avant le lavis de l'acqua-tinta.

ESTAMPES

GRAVÉES PAR DIFFÉRENS ARTISTES

D'APRÈS

DES DESSEINS ET DES TABLEAUX DE MARTIN DE MOLITOR.

ESTAMPES

GRAVÉES PAR FR. GABET.

Pour faciliter les recherches aux amateurs, nous avons rangé ces estampes suivant leurs dimensions, en commençant par la plus petite, et en continuant par gradation jusqu'à celle qui a la plus grande dimension.

Pièces de forme ronde.

1. Paysage montueux où l'on remarque sur le devant à gauche un gros arbre tronqué, et au milieu un homme

assis sur une butte.　On lit à la droite d'en bas : *Gabet.* 792.

Diamètre : 2 pouces, 9 lignes.

2.　Paysage où l'on voit à gauche une chaumière entourée d'arbres. Sur le devant un homme vu par le dos, marche à côté d'un cheval de somme, précédé d'un autre animal semblable. On lit à la droite d'en bas : *Gabet.* 792. Même dimension.

3 — 8.　*Suite de six paysages de forme ronde.*

Diamètre : 3 pouces, 3 lignes.

3. Pays d'une vaste étendue.　On voit au milieu du devant un homme couché à terre vis-à-vis d'un autre qui est assis sur un tronc d'arbre abbatu.　On lit en bas : *D'après le Dessein de M. Molitor dans la Collection de Mad. Cath. Brand.*

4.　Deux arbres qui s'élèvent au milieu de l'estampe d'une butte escarpée.　Dans le fond à gauche est une chaumière, vers laquelle marche un paysan ; à droite se voit une partie d'arbres, et au-delà de ceux-ci une montagne couverte de bois. On lit en bas la même inscription comme dans la pièce précédente.

5. Une femme traversant à gué un ruisseau coulant au pied d'un rocher surmonté d'arbres et d'arbrisseaux. Le côté droit offre un lointain montueux.

6. Pays montueux. On remarque au milieu du devant un homme vu par le dos, marchant sur un chemin élevé, en passant près de deux pins dont les touffes s'élèvent d'un creux. On voit dans le lointain à droite une maison sur un terrain élevé en avant d'une montagne.

7. Paysage où l'on remarque sur le devant à gauche deux grands arbres peu feuillus dont l'un est tronqué en haut; au milieu du second plan deux vaches dans une prairie, et à gauche une chaumière. Le fond est terminé par une chaîne de montagnes qui fuient dans le lointain à droite.

8. Un homme assis au pied d'une

statue érigée à gauche devant une partie d'arbres.

9. Paysage traversé par une large rivière, sur le bord opposé de laquelle on voit un homme près d'une vache, et trois moutons. Au milieu, un homme qui pèche à la ligne, est assis sur une petite langue de terre. Sur le devant à droite s'élève un gros arbre, cachant le soleil couchant dont les rayons sont très-éclatans. Gravé en 1798.

Diamètre: 8 pouces, 2 lignes.

10. Le pendant du morceau précédent. Il représente un pays entrecoupé d'une rivière. Vers le devant à gauche se font remarquer deux gros arbres dont les troncs se croisent, et au pied de l'un desquels un homme coupe du jonc que recueille une femme debout à son côté. Gravé pareillement en 1798. Même dimension.

Pièce en hauteur.

11. La cour d'une ferme. Au delà d'un mur s'élève un haut toit pointu, surmonté d'une cheminée. On remarque sur le devant un paysan près d'une hutte de bois, parlant à une femme assise. Gravé à l'acqua - tinta en 1793. Cette pièce est rare, la planche ayant été supprimée, après qu'on n'en avoit tiré que très - peu d'épreuves.

Hauteur: 6 pouces, 10 lignes. Largeur: 5 pouces, 6 lignes.

Pièces en largeur.

12. Une chaumière bâtie entre une butte et un rocher qui occupe le milieu de l'estampe, et au - delà duquel s'élèvent quelques pins.

Largeur : 3 pouces, 11 lignes. Hauteur : 1 pouce, 8 lignes.

13. Un rocher surmonté de buissons, qui occupe le côté droit, et se tire vers la gauche. Au milieu, un homme couvert d'un chapeau, est assis sur un quartier de rocher. Cette plan-

che n'a pas été terminée ; le bas de la gauche est encore en blanc.

Largeur : 3 pouces, 11 lignes. Hauteur : 3 pouces, 5 lignes.

14. Un homme assis à terre, arrangeant la jarretière de sa jambe gauche. Il est au pied d'un rocher escarpé qui fuit vers la droite où l'on voit quelques pins et autres arbres.

Largeur : 4 pouces. Hauteur : 3 pouces, 5 lignes.

15. Pays montueux où l'on remarque particulièrement un solitaire marchant sur le devant à droite au pied d'un grand rocher escarpé, surmonté d'un hermitage, et sur lequel conduit un escalier.

Largeur : 7 pouces. Hauteur : 6 pouces, 2 lignes.

16. Paysage où l'on voit à gauche un petit pont de bois traversant un ruisseau, et communiquant à un terrain garni de trois arbres. Un homme avec une brouette marche sur le pont. Rare.

Largeur : 7 pouces, 5 lignes. Hauteur : 6 pouces, 3 lignes.

17. Paysage dont le côté gauche présente une chaumière sur une hauteur, au-delà de laquelle est une partie d'arbres et de buissons qui se prolonge vers une haïe dans le fond à droite.

Largeur : 7 pouces, 8 lignes. Hauteur : 6 pouces.

18. Deux vaches et un mouton descendant d'une petite hauteur, au-delà de laquelle s'élèvent des rochers escarpés, dont celui qui occupe le milieu de l'estampe, a presque la forme d'une grosse tour carrée. A la droite d'en bas on remarque une hutte dans un fossé.

Largeur : 7 pouces, 10 lignes. Hauteur : 6 pouces.

19. Un pont de bois traversant un ruisseau. On remarque à gauche une pièce de maçonnerie semblable au fût d'une grosse colonne carrée, et au-delà de celle-ci une hutte de bois. A droite est un homme marchant sur le pont.

Largeur : 7 pouces, 10 lignes. Hauteur : 6 pouces.

20.   Un homme et une femme assis sur la pente d'un terrain élevé, où l'on voit des ruines d'un bâtiment qui occupent le milieu de l'estampe.   Le lointain à droite offre une montagne.

Largeur: 8 pouces.   Hauteur: 6 pouces.

21.   Quatre gros arbres qui se suivent presque de fil sur le bord d'un défilé, au-delà duquel une chaîne de rochers escarpés se tire vers le fond à droite.   Au milieu du devant est une souche près de l'un de quatre gros arbres dont la tige se penche vers le côté gauche.

Largeur: 8 pouces, 5 lignes.   Hauteur: 6 pouces.

22.   Une colline, à la pente de laquelle, vers le devant de la gauche, est un arbre rompu dont la touffe est encore feuillue.   Au-delà s'élèvent quelques arbres à côté d'un petit rocher.

Largeur: 8 pouces, 8 lignes.   Hauteur: 6 pouces.

23.   Une hutte de bois au sommet d'un rocher d'où tombe un torrent formant à gauche une chûte d'eau.   Au milieu du devant on voit un garçon

vis-à-vis d'une femme qui sort d'un fossé, portant entre les bras une botte de roseaux.

Largeur: 9 pouces. Hauteur: 7 pouces, 5 lignes.

24. Un grand rocher escarpé et isolé, au pied duquel plusieurs blocs de pierre sont dispersés. Le côté gauche montre un défilé garni de quelques pins. Sur le devant trois hommes sont occupés près de quelques troncs d'arbres abbatus.

Largeur: 9 pouces. Hauteur: 7 pouces, 5 lignes.

25. Vue d'un bois. Sur le devant à droite un homme qui est endormi, et une femme sont assis au pied d'un gros arbre mutilé. Une vache et quatre moutons se voient au milieu.

Largeur: 9 pouces, 2 lign. Hauteur: 7 pouces, 4 lign.

26. Un berger assis au pied d'un arbre. Son petit troupeau de moutons se repose derrière lui, sur le devant à gauche. Le côté droit donne la vue d'une chaîne de montagnes qui fuient dans le lointain. On remarque au pied

de l'une de ces montagnes les ruines d'un bâtiment entourées d'arbres.

Largeur: 9 pouces, 2 lignes. Hauteur: 7 pouces, 2 lignes.

27.   Un défilé entre des rochers arides.   On voit sur le bord d'un chemin une femme qui se repose, ayant le dos chargé d'un fagot.   Un peu plus vers le fond marche un homme accompagné d'une femme.   Un chien les précéde. Sur le devant à droite, un garçon fait marcher deux vaches et trois moutons.

Largeur: 10 pouces, 8 lignes.   Hauteur: 7 pouces, 6 lignes.

28.   Paysage montueux où l'on voit à gauche une femme marchant sur un chemin qui longe une butte.   Sur le devant à droite on remarque deux pêcheurs dans un petit bateau sur une pièce d'eau.

Largeur: 10 pouces, 10 lignes.   Hauteur: 7 pouces, 8 lignes.

29.   Paysage où l'on a représenté une pluie tombant d'une grosse nue noire.   On remarque sur le devant à droite un paysan monté à cheval, dirigeant ses pas vers la gauche, où l'on

voit un ruisseau bordé de bois. Vers le milieu du fond, sur une hauteur, marchent deux hommes dont l'un porte un paquet sur le dos. Planche supprimée dont les épreuves sont rares.

Largeur: 11 pouces. Hauteur: 8 pouces

30. Pays rempli de rochers, dont un, au milieu de l'estampe, est fort élevé. Sur une hauteur à gauche, est une chaumière entourée de beaucoup d'arbres. Vers le devant de la droite, une femme vue par le dos et précédée d'un chien, parle à un garçon qui passe à côté d'elle. Cette estampe gravée en 1792 n'a pas été entièrement achevée.

Largeur: 11 pouces. Hauteur; 9 pouces.

31. Paysage remarquable par la porte d'un vieux bourg au - dessous d'une grosse tour carrée ruinée. Sur le devant à gauche un homme debout vu par le dos, parle à une femme assise sur un gros tronc d'arbre abbatu.

Largeur: 11 pouces. Hauteur: 9 pouces, 3 lignes.

32. Un grand rocher surmonté d'un château ruiné, en avant duquel, au milieu de l'estampe, est une tour ronde

isolée. A gauche, sur un chemin longeant le rocher, marche un paysan accompagné d'une petite fille.

Largeur: 11 pouc. 6 lign. Hauteur: 8 pouces, 2 lign.

33. Vue d'un rocher escarpé avec
un antre, à l'entrée duquel on voit une
fille et un garçon. Le lointain à droite
montre une petite cascade au pied d'une
montagne surmontée d'un château ruiné. Au milieu du devant reposent
quatre moutons.

Largeur : 12 pouces. Hauteur : 9 pouces.

34. Paysage montueux où l'on a
représenté, au milieu, une espèce de
temple rond, presque ruiné et situé sur
le bord d'un étang qui s'étend sur toute
la largeur de la planche. Sur le devant
à gauche, un garçon debout et s'appuyant sur un bàton, cause avec une femme et un autre garçon assis devant lui.
Quelques rayons de soleil tombant du
côté gauche, se repandent presque sur
tous les objets du fond de ce paysage.
On lit dans le marge d'en bas: *F. Gabet f.* 1796.

Largeur: 13 pouces. Hauteur: 10 pouces. La marge d'en bas : 8 lignes.

35. Le même paysage dont on a donné la description au No. 27. ci-dessus, d'une plus grande proportion. *Mr. Gabet* n'ayant pas été satisfait de son ouvrage, il en a supprimé la planche après n'en avoir tiré que très-peu d'épreuves.

Largeur: 13 pouces, 9 lignes. Hauteur: 10 pouces.

36. Vue d'un bois. On remarque au milieu plusieurs gros arbres plantés dans des distances à peu près égales sur un côteau, au bas du quel est une pièce d'eau qui s'étend presque sur toute la largeur du bas de l'estampe. Au milieu, sur le second plan, marche une femme, vue par le dos, et chargée d'un paquet; elle est accompagnée d'un enfant. On lit dans la marge d'en bas. *Dédié à moi-même l'an* I. *du siècle* 19.

Largeur: 16 pouces, 8 lign. Hauteur: 12 pouces.*)

37. Autre vue d'un bois où l'on remarque au milieu une chaumière, et, un peu plus en avant, deux femmes

---

*) Les planches des Nros. 36. et 37. font partie du fond des éditeurs de ce catalogue. Les épreuves avant l'adresse se vendent à 3 fl. 36 kr. monnoie d'Empire — celles avec l'adresse à 2 fl. 45 kr. la paire.

dont l'une qui marche vers le fond, porte un fagot sur le dos, l'autre, vue de face, tient de la main gauche une hache et un bâton. Cette dernière femme est précédée d'un chien.

Largeur: 16 pouces, 8 lignes. Hauteur: 12 pouces, 2 lignes.

38. Paysage où l'on voit à la mi-hauteur d'une montagne, les ruines d'un ancien temple. Au milieu est une chûte d'eau. Sur le devant à droite, un jeune villageois fait marcher un petit troupeau de trois vaches et de trois moutons; à gauche, une femme debout tient un voile flottant comme pour vouloir se le mettre sur la tête. Un petit garçon est assis à terre devant elle. On lit à la droite d'en bas: *Molitor,* et dans la marge: *D'après le tableau original de M. Molitor par Gabet.* 793. Cette inscription est à rebours. Cette planche gravée à l'eau-forte seule n'a point été terminée; *Mr. Gabet* l'a supprimée après n'en avoir fait tirer qu'une demi-douzaine d'épreuves.

Largeur: 20 pouces, 4 lignes. Hauteur: 15 pouces, 3 lignes.

39. Ce même paysage fait une seconde fois, mais avec des changemens considérables. Aussi est il tout autrement garni. On remarque sur le devant, vers la gauche, un homme assis à terre auprès de sa hotte, et causant avec une femme qui est debout devant lui, portant un panier sur la tête. Elle est accompagnée d'un petit garçon. A droite, sur le bord d'une rivière, un garçon à cheval parle à son camerade qui est assis à terre. On lit à gauche dans la marge d'en bas : *Sculps. Gabet ad exemplar Tabulae a M. Molitor pictae.* Cette planche qui n'a point été achevée, a été pareillement supprimée, après qu'on n'en avoit tiré que très-peu d'épreuves.

Largeur : 22 pouces, 4 lignes. Hauteur : 16 pouces, 4 lignes.

PAR GAUERMANN.

1. Paysage où l'on voit à gauche, sur un terrain élevé, une vache, un veau, trois moutons et une chèvre. Un garçon qui garde ce petit trou-

peau, s'amuse avec son chien. Gravé à l'eau-forte.

Largeur: 7 pouces, 10 lignes. Hauteur: 5 pouces, 9 lignes.

Ce morceau fait le pendant d'une estampe semblable, gravée par *Gauermann* d'après un dessein de sa propre composition, et où l'on a réprésenté deux garçons dont l'un joue de la flûte, assis sur une colline, au pied de laquelle se repose une vache accompagnée de son veau.

PAR MÖSSMER.

1. Un garçon faisant marcher un troupeau de deux vaches et de cinq moutons. Au delà de l'une des vaches s'élève un grand arbre tronqué et peu feuillu. Gravé à l'eau-forte. Sans le le nom du graveur. Pièce ronde.

Diamètre: 4 pouces.

2. Le pendant de ce morceau. Une vache blanche en repos près d'une haïe, le long de laquelle marche une villageoise vue par le dos, et tournée vers un bouquet d'arbres qui remplit le milieu de l'estampe. La vache est

entourée de trois moutons et d'une chèvre qui se reposent pareillement.

3. Paysage où l'on voit au milieu un pont de bois, sur lequel marchent deux vaches.

Largeur: 5 pouces, 8 lignes. Hauteur: 3 pouces, 7 lignes.

4. Pays rempli de rochers. Au milieu marchent deux vaches et un mouton. Un autre mouton les précéde. Pièce faisant le pendant du précédent.

PAR SEYFFER.

Différens paysages. Suite de six estampes gravées à l'eau-forte et terminées au burin.

Largeur: 7 pouces, 9 lign. Hauteur: 5 pouces, 8 lignes.

1. Une femme debout, vue par le dos, parlant à quatre hommes assis à terre au pied d'un rocher.

2. Trois jeunes femmes debout autour de trois hommes qui causent ensemble, assis sur une butte, et accompagnés d'un jeune garçon. On remarque vers le fond deux hommes

ayant la tête couverte d'une calotte.
Dans un pays de rochers.

3. Cinq garçons chasseurs au sommet d'une colline d'un côté escarpée.

4. Un homme couvert d'un manteau à manches, vu par le dos et debout devant une femme assise et accompagnée d'un enfant. Dans un pays de rochers.

3. Paysage où l'on voit un garçon épiant deux jeunes villageoises qui causent ensemble, assises sur le bord d'un ruisseau.

6. Autre où l'on a représenté une femme conduisant un vieillard au bras, en passant un pont de bois. Ils sont précédés d'un petit garçon.

7. Frontispice gravé d'après un dessein *de Molitor*. On y a représenté une pierre taillée, mais ruinée, en avant de laquelle une corniche brisée est jetté à terre. Dans le lointain est une tour ronde, au-delà de laquelle on remarque le soleil levant. Sur la pierre taillée est écrit : *Etudes d'après Claude Lor-*

rain par Seyffer. A Vienne au bureau des arts et d'industrie. 1807.

Largeur : 7 pouc. 9 lign.   Hauteur : 5 pouc. 8 lign.

PAR HALDENWANG.

1. Vue des montagnes de Mieming dans l'Ober-Innthal en Tirol. Gravé en manière de bistre, et portant cette inscription : *Ansicht der Mieminger Gebirge im Ober-Innthal in Tirol. — Im Verlage des Kunst-und Industrie-Comptoir zu Wien* 1803.

Largeur : 23 pouces, 3 lignes.   Hauteur : 17 pouces.

2. Vue du grand chemin de Tirol en Vor-Arlberg. *Ansicht der Bergstrasse von Tirol nach Vor-Arlberg. —* Ce morceau fait le pendant du précédent.

PAR H. J. SCHÜTZ. *)

1. Les ruines d'un bâtiment dont ils en restent encore deux voûtes. On remarque au milieu trois hommes assis

---

*) Ces deux pièces sont gravées d'après des desseins originaux de quelque maître anonyme, qui se trouvent ou du moins se sont trouvés un jour à l'académie de Vienne, dans l'école du paysage. Molitor n'y a aucune part, et je les range ici seulement parcequ'elles portent son nom.

ensemble sur un petit terrain qui forme le bord d'une pièce d'eau. Gravé à la manière de bistre, d'après un tableau de Molitor. On lit dans la marge d'en bas: *Environs de Rome.*

Hauteur: 11 pouces, 10 lignes. Largeur: 9 pouces, 8 lignes.

2. Le pendant de ce morceau. Vue de quelques maisons au milieu desquelles s'élève une pièce de maçonnerie tombée en partie en ruines. On remarque en avant d'un mur trois garçons qui grimpent sur des quartiers de rochers. Sur le devant un homme est accroupi près d'une femme cachée en partie par une haute herbe. Même inscription et même dimension.

PAR PIRINGER.

1 — 9. Différens paysages. Suite de neuf pièces, y compris le frontispice qui représente un paysage où l'on voit au milieu un bloc de pierre avec ce titre: *Landschaftsstudien nach Molitor von Piringer. Im Verlage des Kunst - und Industrie - Comptoirs zu*

Wien. Ces neuf estampes sont gravées à l'eau-forte et terminées en manière de bistre.

Largeur: 12 pouces, 6 lignes. Hauteur: 8 pouces, 6 lignes.

10 — 11. Deux pièces gravées à l'eau-forte. L'une représente un paysage où l'on remarque sur un coteau un groupe de trois grands chênes, à côté desquels marche une femme portant un paquet sur le dos, et étant accompagnée d'un enfant. Sur le devant un homme vu presque par le dos est assis sur une butte. L'autre est un paysage où l'on remarque sur le second plan une grosse tour carrée ruinée, et entourée de bois. Sur le devant, une femme s'approche d'un enfant assis à terre.

Largeur: 10 pouces, 3 lignes. Hauteur: 8 pouces.

Ces deux estampes se vendent à Vienne au bureau des arts et d'industrie.

12 — 13. Deux sujets d'animaux gravés en manière de bistre, et marqués ainsi: *Publié et se vend à Vienne*

au bureau des arts et d'industrie. L'un représente un berger dormant, couché sur un quartier de rocher, près d'un petit troupeau de deux boeufs, de trois moutons et d'une chèvre. L'autre, un berger assis près d'une bergère qui file au fuseau, en gardant un petit troupeau de deux vaches, d'un veau et de plusieurs moutons.

Largeur: 14 pouces. Hauteur: 11 pouces, 4 lignes.

14. Paysage représentant un rocher à pic de la forme d'une pyramide ; *Die Felsenpyramide.* Gravé en manière de bistre. On lit dans la marge d'en bas: *Im Verlage des Kunst - und Industrie-Comptoirs zu Wien.*

Largeur: 25 pouces, 4 lign. Hauteur: 17 pouces, 10 lignes.

15. Paysage offrant une chûte d'eau. *Der Wasserfall.* Le pendant du morceau précédent.

16. *L'aube du Jour.* Gravé en manière de bistre. On lit dans la marge d'en bas: *A Vienne, au bureau d'arts et d'industrie.* 1802.

Largeur: 18 pouces, 10 lign. Hauteur: 14 pouces.

17. *Le clair de lune.* Le pendant du morceau précédent.

18. Paysage représentant le soir, marqué: *Abend-Landschaft. — Im Verlage des Kunst- und Industrie-Comptoirs zu Wien.* 1804.

Largeur: 24 pouces. Hauteur: 18 pouces.

PAR FRÉDÉRIC BRAND.

1. Vue de Frosdorf et des environs. Pièce gravée à l'eau-forte et destinée à être enluminée. On lit dans la marge d'en bas: *Erste Ansicht der Gegend um Frosdorf in Nieder-Oesterreich, einem dem Herrn Grafen Philipp von Hoyos zugehörigen Schlosse. Der Frauen Gräfin von Hoyos, gebornen Gräfin von Clary gewidmet.*

Largeur: 25 pouces, 4 lignes. Hauteur: 17 pouces.
La marge d'en bas: 1 pouce, 10 lignes.

Trois autres vues de Frosdorf de la même dimension sont gravées par *L. Janscha* et *J. Ziegler.*

PIÈCES ENLUMINÉES.

Vues du Tirol, dessinées d'après nature, gravées au trait et lavées en cou-

E

leurs dans le goût des vues de la Suisse publiées par *Aberli.* Suite de huit estampes.

Largeur: 18 pouces. Hauteur: 12 pouces, 6 lignes.
Savoir.

1. Vue du château de Petersberg en Tirol. *Ansicht des Schlosses Petersberg in Tirol.* Gravé par Duttenhofer.

2. Vue du château de Trazberg en Tirol. *Ansicht des Schlosses Trazberg in Tirol.* Gravé par Duttenhofer.

3. Vue de la vallée dit Lechthal près de Reutti en Tirol. *Ansicht des Lechthales bey Reutti in Tirol.* Gravé par Duttenhofer.

4. Vue du château d'Ambras en Tirol. *Ansicht des Schlosses Ambras in Tirol.* Gravé par *A. Bartsch.*

5. Vue du grand chemin sur la montagne dite Arlberg. *Ansicht des Einganges der Strasse über den Arlberg.* Gravé par *A. Bartsch.*

6. Vue prise du Förn près de Nassereit en Tirol. *Ansicht auf dem Förn*

bey Nassereit in Tirol. Gravé par *Dut-tenhofer.*

7. Vue de la chûte d'eau près de Lassalt. *Ansicht des Wasserfalles bey Lassalt.* Gravé par *Duttenhofer.*

8. Vue de St. Jean en Tirol. *Ansicht von St. Johann in Tirol.* Gravé par *Gauermann.*

———

9. Vue de la ville d'Innsbruck et des environs. *Ansicht der Stadt und Gegend von Innsbruck.* Gravé par *Dut-tenhofer.*

10. Vue de la ville de Bregenz. Gravé par le même.

Ces deux pièces portent 38 pouces de largeur, sur 14 pouces de hauteur.

Pièces enluminées d'après des desseins de Gauermann, qui font suite des précédentes.

11. Vue du Glacier de Finsterthal en Tirol. *Ansicht des Finsterthaler*

Ferners in Tirol. Gravé par *Dutten-hofer.*

12. Vue du glacier dit Gurgler Ferner, en Tirol. *Ansicht des Gurgler Ferners in Tirol.* Gravé par *Dutten-hofer.*

13. Entrée dans l'Oetzthal en Tirol. *Eingang in das Oetzthal in Tirol.* Gravé par *Duttenhofer.*

14. La pente de rocher de l'ange près d'Umhausen en Tirol. *Die Engelswand bey Umhausen in Tirol.* Gravé par *Duttenhofer.*

15. Feldkirch en Voralberg. *Feldkirch in Vorarlberg.* Gravé par *Gauermann.*

PAR SAUVEUR LE GROS.

1. Vue d'un rocher avec une caverne, sous la voûte de laquelle on apperçoit quelques figures. A droite est une partie d'arbres très-touffus, sur le bord d'un chemin qui, venant du fond, conduit jusqu'au devant de

l'estampe. On lit dans la marge d'en bas, à gauche: *Molitor inv.*, et à droite: *Le Gros.*

> Largeur: 5 pouces, 11 lignes. Hauteur: 3 pouces, 8 lignes.

2. Pays rempli de rochers, entre lesquels coule un ruisseau qui forme au milieu une cascade, et se divise sur le devant en deux bras. Dans celui à gauche marche à gué un homme s'appuyant sur un bâton de ses deux mains. On remarque dans le fond un petit pont de bois, sur lequel passe une femme portant un paquet sur le dos, et étant accompagnée d'un enfant. Le nom *de Molitor inv.* est écrit vers la gauche d'en bas, sur le pan d'un rocher escarpé.

> Largeur: 6 pouces, 6 lign. Hauteur: 4 pouces, 9 lignes.

PAR A. BARTSCH.

Un épagneul se tenant sur ses deux jambes de derrière, et portant un billet de visite dans la gueule. On lit en

bas, à gauche: *Molitor, del.* et à droite:
B. sc.

Hauteur: 5 pouces, 9 lignes. Largeur: 3 pouces,
10 lignes.

Voici ce qui a donné occasion à
cette estampe. Passant la soirée chez
Mr. de Molitor la veille de ma fête
(qui vient le 24 de Decembre) il me
promit, sur mes protestations, de ne
point venir chez moi pour me félici-
ter, ni même de m'envoyer un billet
de visite. En rentrant chez moi, on
m'apporte un rouleau contenant un
dessin de cet épagneul, fait en grand
au pinceau trempé dans de l'encre de
la Chine d'une manière large et extrê-
mement spirituelle et aisée. Le billet
que l'épagneul avoit dans la gueule,
offroit le nom de *Molitor.* Sensible-
ment touché de cette jolie surprise, je
me déterminai sur le champ, de lui en
faire une à mon tour, lors de la fête
de nouvel an, en lui rendant son épagneul gravé à l'eau-forte en petit. Je
n'avois que six jours devant moi, et
beaucoup d'autres affaires sur le dos.

Je me dépêchai, je terminai ma besogne. La veille du jour de l'an Mr. de Molitor fut repayé d'une épreuve de mon estampe, dans laquelle le billet que l'animal tenoit dans la gueule, étoit marqué de mon nom.

On a trois épreuves différentes de cette estampe.

La première a en bas une grande marge destinée à y écrire : *Pour souhaiter la bonne année.* Cette première épreuve porte 8 pouces 5 lignes de hauteur.

La seconde est celle où la marge d'en bas est supprimée.

La troisième offre le chien sans le billet de visite dans la gueule.

Les editeurs de ce catalogue se chargent de procu-
rer à MM. les amateurs la plupart des estampes, dont il fait mention. Ils avertissent en
même tems, qu'ils viennent de publier le por-
trait de feu Mr. *de Molitor*, gravé par Mr. *A.*
de Bartsch d'après un tableau de Mr. *Jos. Abel*
à Vienne.

Le prix d'une épreuve avec la lettre est de 1 fl.
12 kr. monnoie d'empire.

Celui d'une épreuve avant la lettre 1 fl. 48 kr.

N U R E M B E R G

DE L'IMPRIMERIE

DE

JEAN FRANÇOIS HOFMANN.